a nota fervorosa
(texto e desenhos de
Antonin Artaud)

A nota fervorosa

Antonin Artaud

ISBN 978-65-81097-28-8

Embora adote a maioria dos usos editoriais do âmbito brasileiro, a n-1 edições não segue necessariamente as convenções das instituições normativas, pois considera a edição um trabalho de criação que deve interagir com a pluralidade de linguagens e a especificidade de cada obra publicada.

COORDENAÇÃO EDITORIAL Peter Pál Pelbart e Ricardo Muniz Fernandes
DIREÇÃO DE ARTE Ricardo Muniz Fernandes
TRADUÇÃO E SELEÇÃO© Ana Kiffer
ASSISTÊNCIA EDITORIAL Inês Mendonça
EDIÇÃO EM LaTeX Paulo Henrique Pompermaier
CAPA Luan Freitas

Contém atos de desdiagramação

1ª edição | Agosto, 2022

n-1edicoes.org

a nota fervorosa
(texto e desenhos de Antonin Artaud)

seleção e tradução
Ana Kiffer

n-1
edições

Prefácio, *por Ana Kiffer* 7

50 DESENHOS PARA ASSASSINAR A MAGIA 17

SORT 31

ROSTO HUMANO 39

Prefácio

É preciso limar o muro da figura, da palavra

ANA KIFFER

Este livro é fruto de um desejo muito antigo, que nutro desde 1998, quando me deparei com os primeiros desenhos-escritos de Antonin Artaud (1896-1948). Reúno aqui textos inéditos, sob um titulo que tomo de um dos versos do poeta, que junto aos seus desenhos c às paginas dc seus cadernos de Rodez e de Ivry-sur-Seine mostrarão ao publico brasileiro a complexidade que envolve os seus últimos anos de criação. Pensado inicialmente como um livro mais longo, que agruparia, em três diferentes partes, os textos mais importantes de Artaud sobre os seus desenhos, escritos entre 1946 e 1948 (ano de sua morte), ele acabou por se tornar, tais como os cadernos do próprio escritor, um livro em processo. Mais precisamente, publicaremos três breves livros, fáceis de colocar no bolso, mantendo-os próximos aos nossos corpos, como desejava o seu autor, e que serão publicados pouco a pouco, numa empreitada tradutória também processual e desafiadora, diante da força poética dos seus últimos escritos, feitos de uma pontuação escassa ou inexistente, de escansões espaciais e rítmicas, de invenções de palavras, assim como de hibridações de diferentes palavras, ou mesmo de sílabas sonoras, glossolalias, a serem lidas em voz alta, com o corpo do tradutor ou do ledor. Escritos em condição de extrema precariedade – asilos psiquiátricos, guerra, doença, fraqueza psíquica e corporal - estes textos, que figuram em meio aos 503 cadernos escolares manuscritos ou ditados pelo autor à Paule Thévenin,* encenam e condensam os grandes vetores que atravessaram toda sua obra. Tais como: a força corporal presentificada no ato da escrita e no texto, a importância de uma *mise en page* – que encena espacialmente a escrita, a sua performance vocal e física,

*. Foi quem recebeu Artaud em Ivry-sur-Seine, asilo psiquiátrico nos arredores de Paris. Na época jovem estudante de medicina, Thévenin acabou se tornando amiga próxima de Artaud, e posteriormente editora da primeira versão de suas Obras Completas editadas pela Gallimard em 28 volumes da Collection Blanche. Mais recentemente Evelyne Grossman fez uma nova edição revista e aumentada, também para a Gallimard, Collection Quarto, Œuvres, 2004. Foi esta última edição que utilizei para traduzir os textos aqui presentes.

a sua destinação a agir e não apenas a atuar ou a representar, envolvendo esse período e esses textos numa atmosfera mágica, feita ela mesma de endereçamento e de destinação. Quer dizer, de desejo de atingir a si mesmo e ao outro e de abrir caminho. Como afirma o autor no poema radiofônico *Para acabar com o Julgamento de deus*: "*o homem escolheu o ínfimo dentro, quando ele poderia ter escolhido o infinito fora*". O caminho é, desse modo, aquilo que desloca as bases do corpo e do pensamento, retirando o assento onde nos alojamos desde muito, e exigindo uma experiência do desfazer-se ou do sair de si mesmo. Trata-se de desaprender, de estranhar radicalmente, de abrir-se ao inesperado, ao desconhecido que o próprio autor não deixou de buscar desde o início de sua trajetória, seja em sua paixão pela biblioteca medieval, a cabala, o tarô, o teatro balinês e, finalmente, em sua experiência decisiva, vivida no México entre 1936 e 1937. Experiência esta que se materializa em todos os últimos três anos de escrita e de vida do poeta.

Neste primeiro livreto, que agora publicamos, reunimos três textos muito importantes para se adentrar nessa atmosfera de retorno do México (*Sort*, 1939), atmosfera esta, que Artaud acabou por nomear como sendo a da criação de seus *desenhos-escritos* – momento de sua obra onde escrever e desenhar encontram-se sobre a mesma linha de fuga, reinventando de diferentes maneiras as relações entre texto e imagem, e desobstruindo passagens e hierarquias pré-estabelecidas entre esses termos. Seus grandes desenhos escritos, como ele fala a Jean Paulhan em carta de 1945, são semeados por *"frases que se inserem nas formas a fim de precipitá-las"*. Precipitação que deve ser entendida não apenas como sendo da ordem temporal, de uma realização intempestiva, espontânea, não tratada, naif, ou bruta, mas, e sobretudo, uma precipitação de ordem alquímica, fazendo com que esse enxerto ou inserção da frase-forma opere como uma verdadeira incisão que transforma ou metamorfoseia os dois termos ali envolvidos – palavra e imagem.

Esses desenhos-escritos, que medem em torno de 65 por 50 cm, multiplicam-se também sobre a escrita diária de seus cadernos escolares de Rodez ou Ivry-sur-Seine. Os grandes desenhos, hoje encontram-se espalhados por diferentes e importantes museus, tais como MOMA-NY, Beaubourg-Paris, Cantini-Marseille, Reina-Sofía-Madrid, entre outros, ou então em coleções particulares. Seus 503 cadernos manuscritos, hoje digitalizados, fazem parte do acervo da Biblioteca Nacional Francesa. Nesses cadernos, feitos de página quadriculada, onde se aprendia a caligrafia, encontramos esboços de precipitações de formas e palavras que veremos também em seus grandes desenhos. Esboço não em seu sentido estrito – o do projeto que depois se realizará noutra escala – mas também em seu caráter de ossatura, de esqueleto, de movimento e de sustentação do corpo de uma obra. Sem esses pequenos ossos reunidos, esses sortilégios, esses rabiscos, e a prática constante de limar a passagem e o muro entre a figura e a palavra, o texto e a imagem, não existiria a invenção intensa e alucinante de seus desenhos-escritos. Intensa, é preciso dizer, como poucas vezes vimos na história da arte: essa profusão de 503 cadernos e em torno de 65 grandes desenhos e retratos realizados num período de apenas três anos, duplicando em extensão e quantidade aquilo que havia sido escrito ao longo de 20 anos pelo autor. Também a densidade de seus últimos textos convoca um novo olhar para as suas proposições anteriores, tais como o teatro da crueldade, o pesa-nervos, a encenação e a metafísica, entre outros. Essa forma-precipitada do esboço torna-se o arcabouço, a ossatura, e indica a labuta diária do escritor em busca de um meio outro. Meio que deixa de ser apenas suporte ou objeto e advém, como ele chamou, subjétil, nota fervorosa, novos corpos de sensibilidade, alquimia ou magia. Em todo caso, adentramos aqui numa atmosfera corpóreo-escriturária, que põe em cena o atravessamento constante entre força e forma, e acaba por desenhar uma espécie de afectologia da palavra e da imagem. Como se elas precisassem chegar ao limite de seu desfazimento, à erosão do muro espesso, para se deixarem finalmente tocar e sentir. Lemos e vemos um processo de limagem, de moagem, de mastigação da forma-palavra, mas não de digestão ou de pura trituração. Aqui também age a magia e a alquimia, interrogando até que ponto sacrificar, no caso, a figura e o sentido, possibilitaria, não a sua destruição, mas sim uma profunda transformação de seu valor e força. Tal exercício se faz sobre um limite instável, ele mesmo fadado a um certo fracasso, mas não sem deixar sobre o caminho os ossos que hoje ainda nos importam. E por que importa ainda hoje ler ou reler Artaud? Tenho certeza de que cada leitor encontrará a sua própria resposta ou o seu caminho. Até aqui venho entendendo que um horizonte significativo ao nosso tempo e lugar se abre no exercício de releitura de Artaud: viver com o que se desfez e se desfaz, localizar as nossas destruições, habitar a ruínas sem, no entanto, retirar desse lugar a sua potência mágica, a sua força de natureza. Como disse o poeta, no seu último caderno escrito pouco antes de morrer, o de número 503, no texto 50 *desenhos para assassinar a magia* – "*acredito que a natureza, vai falar*". Por um lado, ouvir a palavra da natureza implicaria em criar uma outra relação com aquilo que até aqui separamos de nós mesmos, como se mudo fosse. Implicaria ainda em recriar a ideia mesma de natureza. Em seguida, buscar outras línguas, outras bases, outras epistemes que não operaram sobre o mesmo corte de separação. Limar o muro é um desses procedimentos de passagem, e de abertura dessa separação, mas ele é também uma prática do corte sobre o corte, logo da ruína, que perfaz de convivência longa e lenta com tudo aquilo que arruinou em nós e no mundo. Esse Artaud continua muito próximo do que vivemos e do que ainda enfrentaremos. Ele nos convida, baixo o solo derrubado da razão ocidental pós-guerra, a retornar diferente para as nossas terras arruinadas de ontem e de hoje.

A parte isso, são textos veementes e de entrelaçamento entre os domínios da imagem e da palavra, do traço do desenho e do traçar da letra. Artaud lança aí um conjunto de desafios que irão repercutir posteriormente no ambiente artístico e literário, como na poesia visual e sonora, nos happenings e performances, que eclodem a partir dos anos cinquenta e sessenta. Também os textos de Artaud sobre os seus próprios desenhos-escritos como é o caso aqui do texto O *Rosto Humano*, imbricam-se numa verdadeira cena de refazimento dos corpos, ou do que pode um corpo, onde o teatro cruel trava-se entre o traço do desenho e o traço da letra. É evidente que o autor faz isso revisitando, entre outras, a sua trajetória com as vanguardas históricas, em especial com o surrealismo; e mostrando como os impasses e saídas que encontrou, mesmo que instáveis ou impossíveis, deslocava-o do ambiente modernista endereçando esse último, complexo e pouco conhecido período de sua obra no Brasil aos desafios que participam da arte, da cultura e da vida contemporâneas.

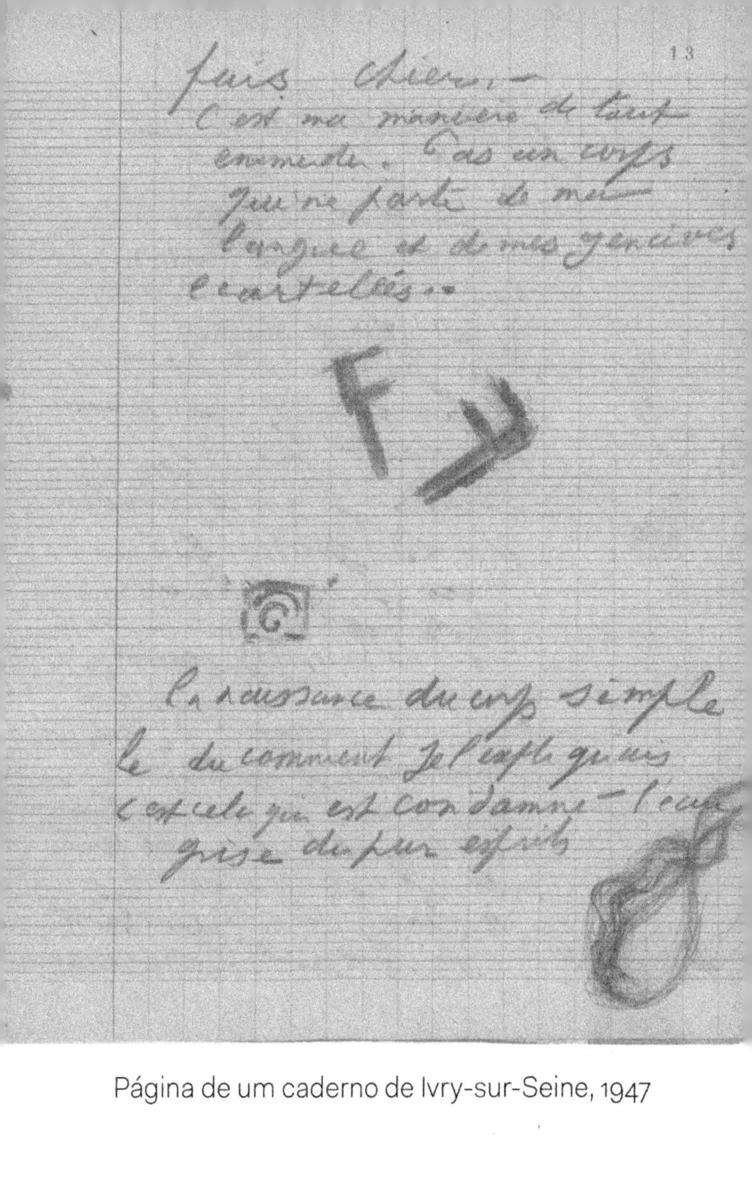

fais chier. —
C'est ma manière de tout
emmerder. J'as un corps
qui ne part de ma
langue et de mes gencives
écartelées..

la naissance du corps simple
le du comment Je l'explique [illegible]
c'est celui qui est condamné — l'eau
grise du pur esprit

Página de um caderno de Ivry-sur-Seine, 1947

50 DESENHOS PARA ASSASSINAR A MAGIA

A diagramação deste e dos seguintes textos segue a edição empreendida por Evelyne Grossman em 2004 para a Quarto Gallimard, que segue, por sua vez e na medida do possível os cadernos manuscritos de Artaud.

Aqui, não se trata de
desenhos
no sentido próprio do
termo,
de uma incorporação qualquer
da realidade através do desenho.
Eles não são uma tentativa
para renovar
a arte
que eu nunca acreditei
do desenho,
não,
mas para compreendê-los
é preciso antes situá-los.
São 50 desenhos
tomados dos cadernos
de notas
literárias,
poéticas,
psicológicas,
fisiológicas,
mágicas
sobretudo mágicas
mágicas antes de tudo

e acima de tudo.
Elas estão entremeadas
às páginas
revestidas sobre as páginas
onde a escrita tem o 1° plano da
visão
a escrita,
a nota fervorosa
efervescente,
ardente
        a blasfêmia
        a imprecação.
De imprecação em
imprecação
essas páginas avançam
e como novos corpos
de sensibilidade
esses desenhos
estão aí
comentando-as
aerando-as
e iluminando-as (.)
Não são desenhos
eles não figuram nada,
não desfiguram nada,
não estão aí para construírem
edificarem
instituírem

um mundo
nem mesmo abstrato.
São notas,
palavras,
tremós
porque ardentes,
          corrosivos,
          incisivos
          jorrados
          de não sei qual
          turbilhão
          de vitríolo
submaxilar
sub espatular,*
estão aí como
pregados
e destinados a não
mexer mais.
Tremós então
mas que farão
o seu apocalipse
porque eles já disseram
muito para nascerem
e disseram muito nascendo
para não renascerem
e tomarem corpo
agora autenticamente.

*. Artaud usa a palavra *spatulaire* que também não existe em francês, mas que foi mantida na edição do texto por Evelyne Grossman. Tratar-se-ia de uma invenção que articula a espátula e a escápula? Decerto os deslizamentos poéticos entre o gesto de escrever e o corpo estão presentes em todos os cadernos de Artaud.

Mas tudo isso
não será nada
se tivéssemos que
parar aqui,
e não sair da página
escrita
logo ilustrada
pela luz
um tanto vacilante
desses desenhos
que não querem dizer nada
e que não representam
absolutamente nada.
Para entender esses desenhos
integralmente
é preciso
1° sair da página escrita
para entrar
no real
mas,
2° sair do real
para entrar
no surreal
no extra real,
no sobrenatural
no suprassensível
onde esses desenhos
não param

de mergulhar,
e eles não são, de fato,
senão que o comentário
de uma ação que
realmente
se passou,
e a figuração
sobre o papel
circunscrita
de um élan
que aconteceu
e produziu
magnética e
magicamente seus
efeitos,
e porque esses desenhos não são
a representação
ou a figuração
de um objeto
de um estado
mental ou do (coração),
de um elemento
e de um acontecimento
psicológico,
eles são puramente
e simplesmente
a reprodução sobre o
papel

de um gesto
mágico
que eu exerci
no espaço real
com o sopro dos meus
pulmões
e as minhas mãos
com a minha cabeça
e os meus 2 pés
o meu tronco e as minhas
artérias etc., –
Quando eu escrevo,
tiro, em geral
uma nota de um
traço
mas isso não me é suficiente
e busco prolongar
essa ação
escrita na
atmosfera, então
me levanto
busco
        consonâncias,
        adequações
        sons,
balanços do corpo
e dos membros
que façam ato,

que chamem
os espaços ambientes
a se levantarem
e falarem
daí me reaproximo
da página
escrita
e

...

mas esqueci de
dizer que essas
consonâncias
têm um sentido,
eu sopro, canto,
modulo
não ao acaso
    não!
eu sempre tenho
como que um objeto prodigioso
ou um mundo
a criar e a convocar.

Ora, eu conheço
o valor plástico,
objetivo, do sopro,
o sopro é alguma

coisa no ar
não é ar
          remexido
          somente,
é uma concretização
massiva no
ar
e que deve
ser sentida
no corpo e
pelo corpo
como uma aglomeração,
em suma, atômica
de elementos
e de membros
que nesse momento-aí
fazem quadro.
Uma matéria
além
dessa, do açúcar
de cevada
nasce nesse momento
aí
e instantaneamente
no corpo,
matéria elétrica
que poderia explicar,
se ela fosse

ela mesma
explicável,
a natureza
de alguns gases
atômicos
de alguns
átomos repulsivos
digo átomos
como diria
paredes,
parede vulcânica,
artéria em fusão
de um vulcão,
muralha de lava em
direção a uma
reviravolta
imediata do devir,

meus desenhos então reproduzem
        essas formas
        assim emergentes,
        esses mundos de
        prodígios,
        esses objetos
        onde o Caminho
        está feito
        e o que se
chamava de Grande Obra

alquímica, doravante
pulverizada, porque nós não
estamos mais na
química,
mas na
natureza.
E acredito,
que a natureza,
vai falar.

ANTONIN ARTAUD,
*31 de janeiro de 1948**

*. Um dos últimos textos de Artaud, que vem a falecer em 4 de março de 1948.

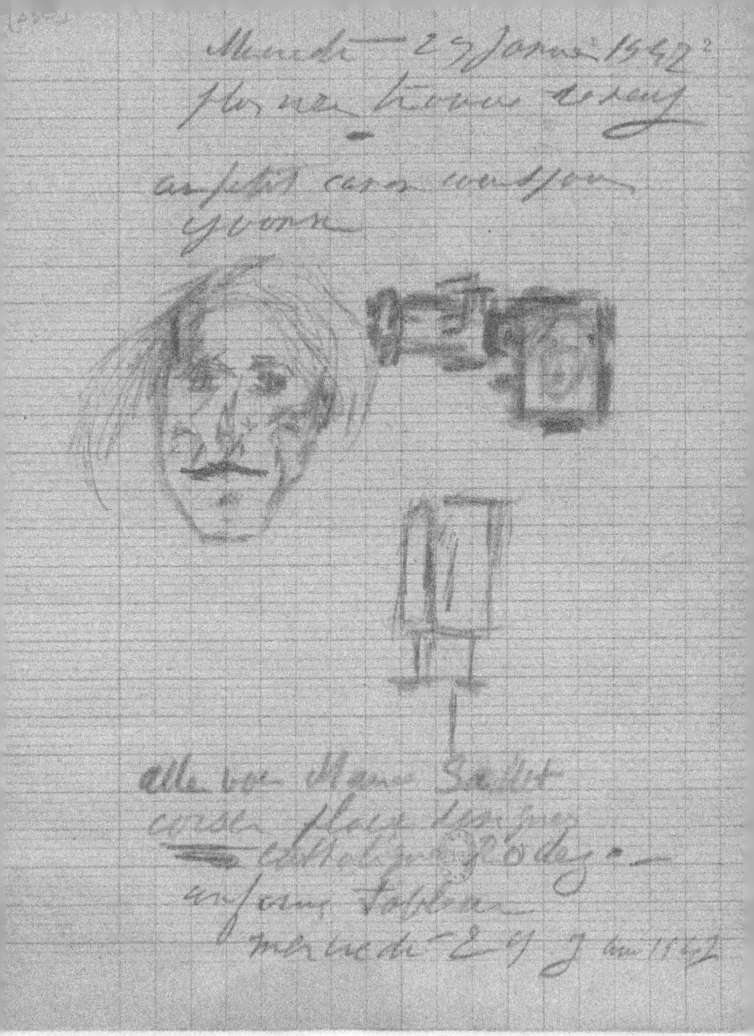

Página de um caderno de Ivry-sur-Seine, 1947

SORT

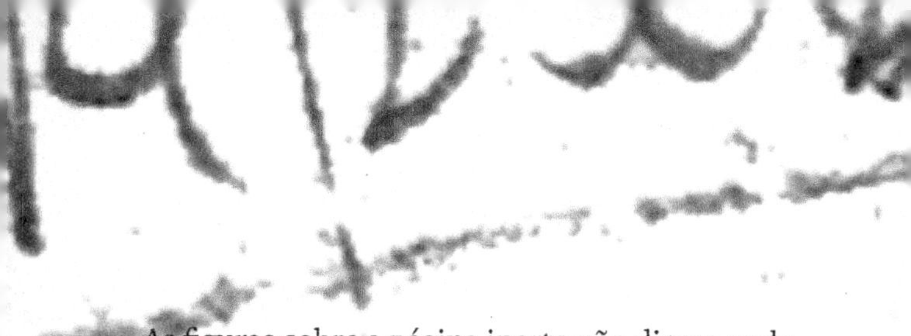

As figuras sobre a página inerte não dizem nada sob minha mão. Elas se ofereceram a mim como mós, que não inspiram o desenho, mas que eu podia sondar, talhar, raspar, limar, coser, descoser, mutilar, recortar e costurar sem que jamais, por pai ou mãe, o subjétil se lastimasse.

Quero dizer que ignorando tanto o desenho quanto a natureza resolvi fazer com que saíssem formas, linhas, traços, sombras, cores, aspectos que, como se faz na pintura moderna, não representam nada, e não exigem serem reunidos segundo as exigências de uma lei visual ou material qualquer, mas que criam acima do papel, uma espécie de contra figura que seria um protesto perpétuo contra a lei do objeto criado.

O objetivo de todas essas figuras desenhadas e coloridas era o exorcismo de uma maldição, uma vituperação corporal contra as obrigações da forma espacial, da perspectiva, da medida, do equilíbrio, da dimensão, e através dessa vituperação reivindicadora uma condenação do mundo psíquico incrustado como um piolho sobre o físico que ele incuba ou submete em pretendendo tê-lo formado. [...]

As figuras que eu então fazia eram destinações,* sortes – que eu queimava com um fósforo depois de tê-las meticulosamente desenhado.

*. Sort, em francês, sustém a ideia de sorte como destino, ideia que também está presente na palavra sorte, em português. No entanto, nesta última a ideia de sorte contrapondo-se à má sorte ou ao azar tornou-se mais corrente, a ponto de neutralizar a noção de destino e de destinação que essas cartas mágicas de Artaud reivindicavam e "realizavam".

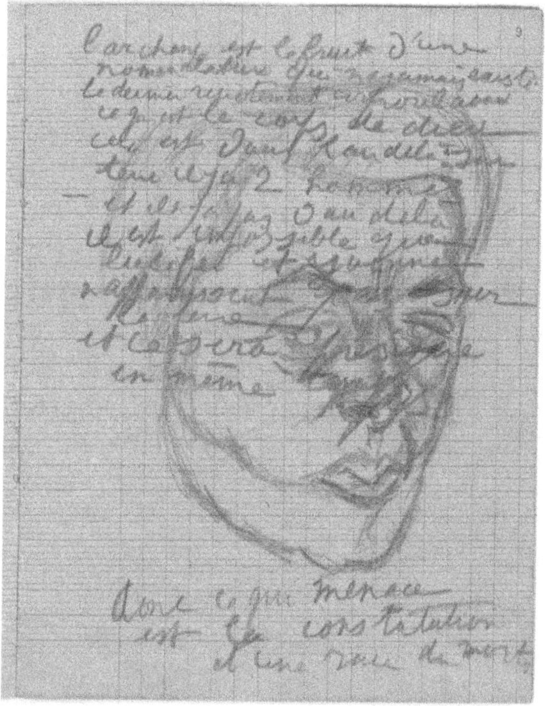

Página Caderno de Rodez, 1946

Retrato de Minouche Pastier, 1947

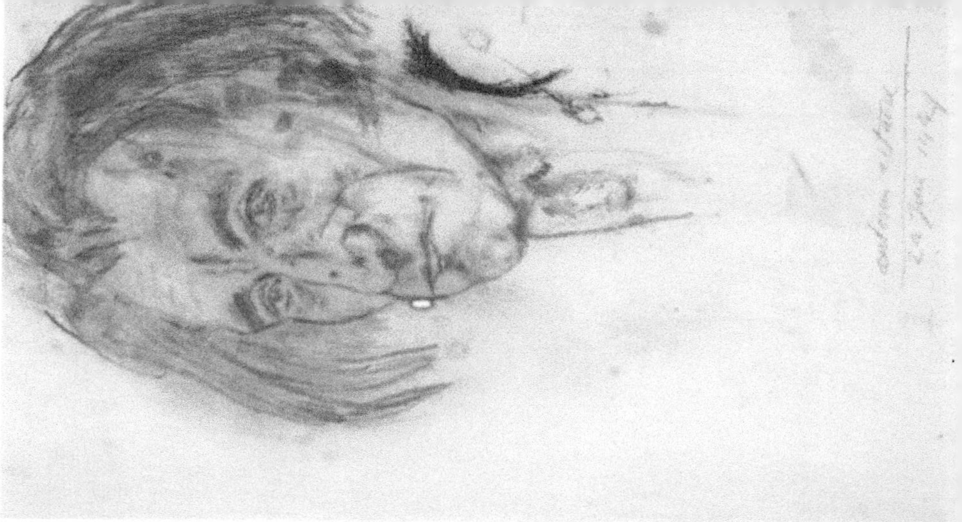

Autorretrato, 1947

ROSTO HUMANO

Este texto escrito em 1946 – *Le Visage Humain* – foi o texto de abertura da única exposição que Artaud realizou em vida, intitulada “Portraits et dessins par Antonin Artaud”, na Galerie Pierre Loeb, em Paris, de 4 a 20 de julho de 1947.

O Rosto humano é uma força vazia, um campo de morte.

A velha reivindicação revolucionária de uma forma que jamais correspondeu ao seu corpo,

que partiu para ser outra coisa que não o corpo.

Por isso, é absurdo criticar de academicismo um pintor

que apesar do apressado da hora ainda se obstina a reproduzir os traços do rosto humano tais quais eles são;

pois tais quais são eles ainda não encontraram a forma que os revela e os designa;

e não fazem senão que esboçá-la, da manhã à noite, e no centro de dez mil sonhos,

pilando como no interior oco de uma palpitação passional nunca abandonada.

O que quer dizer que o rosto humano ainda não encontrou a sua face

e cabe ao pintor lhe dar.

Mas isso quer dizer que a face humana

tal qual ela é se busca ainda com dois olhos, um nariz, uma boca

e duas cavidades auriculares que respondem aos buracos das órbitas
como as quatro aberturas sepulcrais da próxima morte
O rosto humano porta, com efeito, uma espécie de morte perpétua sobre o seu rosto
da qual o pintor deve justamente salvá-lo
lhe oferecendo os seus próprios traços.
Há mil e mil anos que o rosto humano fala e respira
mas se tem ainda a impressão de que ele não começou a dizer
o que é e o que sabe.
Não conheço um só pintor na história da arte, de Holbein a Ingres, que, esse rosto do homem, tenha conseguido fazer falar. Os retratos de Holbein e Ingres são paredes espessas, que não explicam nada da antiga
arquitetura mortal que se apoia
sob os arcos da cúpula das pálpebras, ou se encaixa no túnel cilíndrico
das duas cavidades murais das orelhas.
O solitário van Gogh soube tirar de uma cabeça humana um retrato que seja o foguete explosivo do batimento de um
coração explodido.
O seu.
A cabeça de van Gogh em chapéu mole* torna nula e sem posteridade todas as tentativas

* Indicação do quadro intitulado em português *Autorretrato com chapéu de feltro cinza*, em francês *Autoportrait au chapeau de feutre noir*, 1886 musée Van Gogh Museum, Amsterdam.

de pintura abstrata que poderiam ser feitas depois dele, até o fim das eternidades.

Pois esse rosto de açougueiro ávido, projetado como um estouro de canhão

sobre a superfície a mais extrema da tela,

e que de repente se vê detida,

por um olho vazio,

e retornado para dentro,

esgota profundamente todos os segredos os mais especiais do mundo abstrato

onde a pintura figurativa poderia comprazer-se,

por isso, nos desenhos que desenhei,

evitei antes de tudo esquecer do nariz, boca, olhos, orelhas e cabelos,

procurei fazer dizer o rosto que me falava

o segredo

de uma velha história humana que passou como morta nas cabeças de Ingres ou Holbein.

Faço aparecer, às vezes, ao lado das cabeças humanas, objetos, árvores ou animais porque ainda não estou certo dos limites dentro dos quais o corpo do eu humano pode se fazer deter.

Aliás, rompi definitivamente com a arte, o estilo ou o talento

em todos os desenhos que serão vistos aqui. Quero dizer que desgraça àqueles que os considerarem como obras de arte, obras de simulação estética da realidade.

Nenhum é propriamente falando uma obra.
Todos são esboços, quero dizer que são
golpes de sonda ou de batente dados
em todos os sentidos do acaso, da possibilidade,
da sorte, do destino.
Não procurei tratar meus traços ou meus efeitos,
mas manifestar formas de verdades lineares
patentes que valem tanto para as palavras, as
frases escritas quanto para o grafismo
e a perspectiva dos traços.
É desse modo que vários desenhos são
misturas de poemas e retratos,
de interjeições escritas e de evocações
plásticas de elementos, de materiais,
de personagens, de homens ou de animais.
É assim que é preciso aceitar esses desenhos
na barbárie e na desordem de seus grafismos,
"que jamais se preocuparam com a arte", mas
com a sinceridade e a espontaneidade do traço.

Caderno de Rodez 1946

Dados Internacionais de Catalogação na Publicação (CIP) de acordo com ISBD

A785n Artaud, Antonin

A nota fervorosa / Antonin Artaud ; traduzido por Ana Kiffer. – São Paulo : n-1 edições, 2022.
48 p. ; 11cm x 18cm.

Inclui índice.
ISBN: 978-65-81097-28-8

1. Teatro. 2. Artes do corpo. 3. Literatura. I. Kiffer, Ana. II. Título.

CDD 792
CDU 792

2022-2523

Elaborado por Vagner Rodolfo da Silva - CRB-8/9410

Índice para catálogo sistemático:

1. Teatro 792
2. Teatro 792

n-1

O livro como imagem do mundo é de toda maneira uma ideia insípida. Na verdade não basta dizer Viva o múltiplo, grito de resto difícil de emitir. Nenhuma habilidade tipográfica, lexical ou mesmo sintática será suficiente para fazê-lo ouvir. É preciso fazer o múltiplo, não acrescentando sempre uma dimensão superior, mas, ao contrário, da maneira mais simples, com força de sobriedade, no nível das dimensões de que se dispõe, sempre n-1 (é somente assim que o uno faz parte do múltiplo, estando sempre subtraído dele). Subtrair o único da multiplicidade a ser constituída; escrever a n-1.

Gilles Deleuze e Félix Guattari

n-1edicoes.org